Craquez pour les bricks

Laurent MOREL

Dormonval
CH – LUCERNE

✕ préparation très simple
✕✕ préparation facile
✕✕✕ préparation élaborée

○○● peu coûteuse
○●● raisonnable
●●● chère

Photographies : SAEP/Annabelle ROSE et Frédéric PERRIN.
Coordination : SAEP/Éric ZIPPER.
Composition et photogravure : SAEP/Arts Graphiques.
Impression : Union Européenne.

Conception : SAEP CRÉATION
68040 INGERSHEIM - COLMAR

Issues de la gastronomie du Maghreb, les bricks ont depuis longtemps traversé la Méditerranée. Nous les trouvons aujourd'hui de plus en plus sur les cartes des restaurants, et elles sont devenues un ingrédient de base pour tous les cuisiniers. Elles permettent à ces derniers de flatter nos sens par leur légèreté, leur croustillant et leurs présentations variées.

Ce livre vous propose de découvrir ou de redécouvrir l'utilisation de ce produit unique. Vous y trouverez des astuces et des conseils pour l'intégrer dans vos préparations. Nous vous proposons aussi un éventail de recettes originales et variées qui apporteront un peu de folie dans votre cuisine et qui, salées ou sucrées, vous feront succomber.

En corolle, en aumônière, en pannequet ou en cigare, les bricks seront toujours appétissantes et croustillantes. En apéritif, en entrée, en plat ou en dessert, elles sauront toujours se faire apprécier.

Pour le quotidien ou des repas plus festifs, elles trouveront toujours une place de choix dans vos menus. Alors, à vos fourneaux car, quelles que soient les préparations et les présentations des bricks, leur croustillant n'attend pas !

LES DIFFÉRENTES FAÇONS DE PLIER LES FEUILLES DE BRICK

En triangle

2

3

4

Détailler la feuille en deux et la garnir à une extrémité (1). Rabattre les deux côtés pour former une bande (2). Plier l'extrémité garnie pour former un triangle (3). Terminer en pliant le triangle sur lui-même (4). Coller celui-ci avec du blanc d'œuf.

En cigare

Détailler la feuille de brick en 6 triangles et déposer la farce à la base (1). Rabattre les côtés sur la farce et rouler le cigare délicatement vers la pointe (2). Coller la pointe avec du blanc d'œuf.

En corolle

Enduire 2 feuilles de brick avec du beurre fondu à l'aide d'un pinceau. Les superposer et réduire le diamètre avec des ciseaux (1). Les placer dans un ramequin huilé et former une corolle avec une bordure esthétique (2).

En cornet

Former un cornet avec du papier d'aluminium et le huiler (1). Enrouler autour une demi-feuille de brick enduite de beurre et retourner le bord sur 1 cm (2).

En aumônière

Enduire 1 feuille de beurre fondu. La garnir au centre et former une petite bourse en utilisant une pique en bois pour la maintenir. Il est possible de réduire la taille de l'aumônière en diminuant le diamètre de la feuille à l'aide de ciseaux.

En pannequet

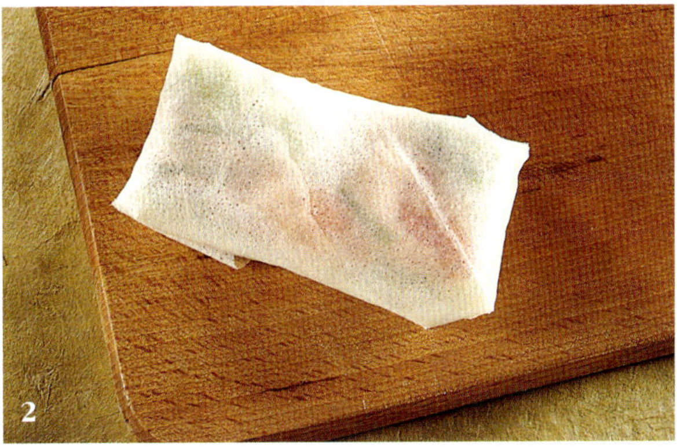

Garnir la feuille de brick au centre après l'avoir enduite de beurre fondu (1). La plier en deux et rabattre les extrémités sous la garniture pour former un rectangle (2).

Beurre blanc

250 g de beurre / 60 g d'échalotes finement émincées / 5 cl de vin blanc / 5 cl de crème / Sel, piment doux.

Prép. : 10 min – Cuiss. : 10 min 8 pers.

Couper le beurre en petits morceaux et le conserver au froid.

Réunir les échalotes, le vin blanc et la crème dans une petite casserole. Porter à ébullition et laisser réduire aux trois quarts.

À feu doux, incorporer le beurre petit à petit à l'aide d'un fouet. Assaisonner et le passer à l'aide d'une passoire. Servir aussitôt.

Cette sauce se prépare généralement au dernier moment. Il est possible de la préparer à l'avance, mais il ne faut pas la conserver à une température supérieure à 50 °C. Elle peut être parfumée avec des herbes (cerfeuil, persil, coriandre...).

Tomates confites

1 kg de tomates / 10 cl d'huile d'olive / 2 branches de thym / 3 gousses d'ail / Sel.

Prép. : 10 min – Cuiss. : 2 h Pour 300 g
Marinade : 6 h – Repos : 30 min

Détailler les tomates en quatre. Les ranger sur une grille placée sur une lèchefrite.

Saler et laisser dégorger 30 minutes.

Placer l'ensemble dans un four à 150 °C (th. 5) pendant 2 heures.

Débarrasser les tomates dans un plat creux pour les faire mariner dans l'huile d'olive. Ajouter le thym et l'ail écrasé. Laisser refroidir et mariner à température ambiante pendant 6 heures.

Il est aussi possible de trouver des tomates confites prêtes à l'emploi dans le commerce.

Fumet de poisson

Arêtes et parures de poissons maigres (sole, merlan, colin, barbue...) / 3 cuil. à soupe d'échalotes finement émincées / 4 cuil. à soupe d'oignons finement émincés / 20 g de carotte finement coupée / 40 g de beurre / 1 branche de thym / 1 branche de laurier.

Pour 1 l Prép. : 20 min – Cuiss. : 20 min

Ôter les ouïes, les caillots de sang et les yeux des têtes. Concasser les arêtes. Laisser dégorger les arêtes et les parures dans 1,2 l d'eau froide pendant 10 minutes. Dans une casserole, faire revenir à feu doux les échalotes, les oignons et la carotte dans le beurre pendant 1 minute. Ajouter les arêtes après les avoir égouttées et rincées. Laisser cuire 2 minutes.

Mouiller avec l'eau et ajouter le thym et le laurier. Porter à ébullition et laisser frémir à feu doux pendant 20 minutes. Écumer fréquemment pendant toute la cuisson.

Passer à l'aide d'une passoire et réserver.

Un fumet de poisson est une préparation de base qui est utilisée pour des cuissons ou la réalisation de sauces. Il existe des fumets déshydratés disponibles dans les grandes surfaces, mais le goût est très inférieur à un fumet traditionnel.

Sauce blanche

1/4 l de fromage frais / 10 feuilles de menthe / 1 cuil. à soupe de ciboulette finement coupée / 3 cuil. à soupe d'huile d'olive / Sel, poivre.

4 pers. Prép. : 15 min – Repos : 1 h

Mélanger à l'aide d'un fouet le fromage frais, la menthe finement coupée, la ciboulette et l'huile d'olive. Assaisonner de sel et de poivre. Conserver au frais pendant 1 heure et servir.

Crème anglaise

1/4 l de lait / 1/2 gousse de vanille / 3 jaunes d'œufs / 50 g de sucre.

Prép. : 10 min – Cuiss. : 5 min 4 pers.

Faire bouillir dans une casserole le lait avec la gousse de vanille fendue. Mélanger les jaunes d'œufs et le sucre à l'aide d'un fouet jusqu'à ce que le mélange blanchisse.

Verser petit à petit le lait sur les jaunes en mélangeant énergiquement. Remettre l'ensemble dans la casserole lavée. Cuire doucement en vannant constamment à l'aide d'une spatule en bois sans faire bouillir. Arrêter la cuisson lorsque la crème nappe la spatule. Passer à l'aide d'une passoire et laisser refroidir.

Cette sauce classique et populaire est toujours autant appréciée par tous. À vous d'être original en ajoutant quelques gouttes d'alcool (calvados, rhum, alcool d'orange, kirsch...) pour la personnaliser et l'adapter au parfum de votre dessert.

Crème Chantilly

50 cl de crème fraîche liquide très froide (dont le taux de matière grasse est supérieur à 32 %) / Extrait de vanille / 120 g de sucre glace.

Prép. : 10 min Pour 1/2 l

Fouetter la crème avec la vanille.

Lorsqu'elle épaissit, ajouter le sucre glace et battre jusqu'à obtention d'une chantilly bien ferme.

Attention à ne pas monter la crème, sinon elle se transforme en beurre et devient granuleuse !

Crème pâtissière allégée

1/2 l de lait / 1/2 gousse de vanille / 4 œufs + 1 blanc / 120 g de sucre en poudre / 60 g de farine / 50 g de beurre en pommade.

8 pers. Prép. : 20 min – Cuiss. : 3 min

Faire bouillir le lait avec la gousse de vanille fendue. Mélanger les jaunes d'œufs et la moitié du sucre puis ajouter la farine. Verser le lait chaud petit à petit sur le mélange. Ôter la gousse de vanille et faire bouillir 1 minute. Incorporer le beurre en pommade.

Monter les blancs et les serrer avec le restant de sucre. Les incorporer dans la crème.

Coulis de fruits rouges

1/2 l de pulpe de framboise / 60 g de sucre / 1 cuil. à potage de jus de citron / 2 cuil. à potage de crème de cassis.

4 à 6 pers. Prép. : 10 min – Cuiss. : 4 min

Mélanger tous les ingrédients dans une casserole. Porter à ébullition et mixer. Passer à l'aide d'une passoire et rectifier la liaison en ajoutant ou pas de l'eau.

Cette recette de base classique peut être appliquée à d'autres fruits comme l'abricot, la pêche, les mûres, les groseilles... Il vous suffit de rectifier la quantité de sucre par rapport à la teneur en sucre du fruit de base.

Aumônières croustillantes aux noix de Saint-Jacques

200 g de blancs de poireau / 60 g de beurre / 2 cuil. à soupe d'huile d'olive / 12 belles noix de Saint-Jacques / 4 feuilles de brick / 1 saucière de beurre blanc aux herbes / Sel, poivre.
Décor : *pluches d'herbes fraîches.*

OOO ✕✕ Prép. : 30 min – Cuiss. : 35 min 4 pers.

Couper le poireau finement. Le cuire à couvert dans une cocotte avec 30 g de beurre pendant 10 minutes à feu doux. Poursuivre la cuisson à découvert pendant encore 10 minutes. Saler, poivrer, débarrasser et laisser refroidir.

Faire chauffer l'huile d'olive dans une poêle et saisir 1 minute de chaque côté les noix de Saint-Jacques. Réserver, saler et poivrer.

Étaler les feuilles de brick et les badigeonner du reste de beurre fondu à l'aide d'un pinceau. Les garnir avec les poireaux et les noix de Saint-Jacques. Refermer les aumônières à l'aide de piques en bois. Les placer sur une plaque allant au four et cuire 15 minutes à 180 °C (th. 6) dans un four préchauffé. Dresser aussitôt dans 4 assiettes avec un cordon de beurre blanc autour. Décorer de pluches d'herbes et servir.

Bouchées croustillantes de Saint-Jacques et foie gras

5 feuilles de laitue / 12 feuilles de brick / 40 g de beurre fondu / 12 noix de Saint-Jacques / 300 g de foie gras de canard en terrine / Curry / 1 cuil. à soupe de graines de sésame / 10 cl de fumet de poisson / 50 g de beurre demi-sel / Sel.

Décor : *pluches d'aneth.*

12 bouchées Prép. : 10 min – Cuiss. : 10 min

Cuire 2 minutes les feuilles de laitue dans de l'eau bouillante salée. Les rafraîchir et les égoutter aussitôt. Réserver.

Découper dans chaque feuille de brick 2 disques de 15 cm. Les badigeonner de beurre fondu et les superposer deux à deux. Placer au centre une noix de Saint-Jacques et un cube de foie gras. Saler et ajouter un peu de curry et des graines de sésame. Refermer les bouchées en formant des aumônières à l'aide de piques en bois.

Cuire 10 minutes dans un four préchauffé à 180 °C (th. 6). Faire chauffer le fumet de poisson et mixer avec les feuilles de laitue et le beurre demi-sel.

Dresser les bouchées et la sauce à l'assiette. Décorer et servir.

Les bouchées peuvent être accompagnées d'une petite salade. Vous pouvez aussi les servir en apéritif sans la sauce.

Croquants de noix de Saint-Jacques et coulis de poivrons rouges

350 g de poivrons rouges / 150 g de tomates / 2 gousses d'ail / 2 cuil. à soupe d'échalotes finement coupées / 1 brin de thym / 1 cuil. à café de concentré de tomates / 1 cuil. à soupe d'huile d'olive / 1/2 l de fumet de poisson / 100 g de poitrine de porc demi-sel détaillée en lardons / 40 g de beurre / 6 feuilles de brick / 24 noix de Saint-Jacques / 1 cuil. à café de curry / Sel, poivre.
Décor : *pluches de cerfeuil.*

Prép. : 30 min – Cuiss. : 40 min — 6 pers.

Éplucher et épépiner les poivrons. Les détailler en dés. Réserver.

Passer les tomates dans de l'eau bouillante pendant 15 secondes puis les rafraîchir. Ôter la peau et les pépins. Les détailler en dés et réserver.

Mélanger tomates, poivrons, 1 gousse d'ail, 1 cuillerée à soupe d'échalotes, le thym, le concentré de tomates, l'huile d'olive et le fumet de poisson. Cuire 30 minutes à feu doux et mixer. Passer à l'aide d'une passoire et rectifier l'assaisonnement. Réserver au chaud.

Mettre les lardons dans une petite casserole et les couvrir avec l'eau froide. Faire bouillir 2 minutes et les rincer sous l'eau froide.

Dans une poêle, faire fondre 10 g de beurre. Ajouter le restant d'échalotes et d'ail écrasé. Cuire 2 minutes sans coloration. Ajouter les lardons et débarrasser.

Badigeonner les feuilles de brick avec le reste de beurre fondu. Détailler chaque feuille en 4 quartiers. Assaisonner les noix de Saint-Jacques avec du sel et du curry. Disposer sur chaque quartier de brick un peu de garniture et une noix. Former un petit ballotin avec l'aide d'une pique en bois. Procéder de la même façon pour le restant. Les placer sur une plaque et enfourner dans un four préchauffé à 180 °C (th. 6) pendant 8 minutes.

Napper le fond de 6 assiettes avec le coulis de poivrons et dresser les croquants. Décorer avec les pluches de cerfeuil et servir.

Millefeuilles au crabe

6 feuilles de brick / 1 œuf battu / 1 cuil. à soupe de graines de sésame / 30 g de beurre / 100 g d'échalotes finement coupées / 5 g de curry / 1 feuille de laurier / 1 cuil. à café de graines de coriandre / 5 g de gingembre haché / 1 dl de vin blanc / 3 dl de fumet de poisson / 6 dl de crème fraîche liquide / 1 dl de lait de coco / 2 tomates / 1 cuil. à soupe de cerfeuil haché / 1 cuil. à soupe de coriandre hachée / 1 cuil. à soupe de persil plat / 400 g de chair de crabe / Sel, poivre.

Décor : *pluches d'herbes fraîches.*

Prép. : 40 min – Cuiss. : 25 min 6 pers.

Détailler chaque feuille de brick en 4 triangles. Les badigeonner d'œuf battu et les placer sur une plaque allant au four. Saupoudrer 6 triangles de graines de sésame. Placer une grille sur la plaque et cuire 10 minutes dans un four préchauffé à 200 °C (th. 6-7). Débarrasser et réserver.

Faire fondre le beurre dans une cocotte et cuire les échalotes sans coloration pendant 2 minutes. Ajouter le curry, le laurier, les graines de coriandre, le gingembre et le vin. Réduire de deux tiers et ajouter le fumet de poisson. Réduire à nouveau de deux tiers et compléter avec la crème et le lait de coco. Laisser frémir jusqu'à obtenir une consistance nappante. Passer à l'aide d'une passoire fine. Réserver dans une casserole et rectifier l'assaisonnement.

Plonger les tomates 15 secondes dans de l'eau bouillante puis les rafraîchir aussitôt dans de l'eau froide. Les éplucher et les épépiner puis couper la chair en dés. Les ajouter dans la sauce avec les herbes fraîches et la chair de crabe. Cuire 1 minute à feu doux. Égoutter la chair et monter les millefeuilles au centre de 6 assiettes en alternant chair de crabe et triangles de brick. Terminer par les triangles aux graines de sésame.

Ajouter un cordon de sauce autour et décorer avec les pluches d'herbes avant de servir.

Cornets croustillants au tourteau

3 feuilles de brick / 200 g de concombre / 150 g de crème fraîche liquide / 250 g de chair de tourteau décortiqué ou surgelé / 2 cuil. à soupe d'aneth haché / 1 cuil. à soupe de ciboulette ciselée / 80 g de salades mélangées / 2 cuil. à soupe d'huile / 1 cuil. à soupe de vinaigre / Le jus de 1/2 citron / Sel, poivre.

Décor : *6 tomates cerise / Tranches de citron / Pluches d'aneth.*

Prép. : 40 min – Cuiss. : 15 min
Marinade : 15 min

6 pers.

Former 6 cornets de feuilles de brick (p. 6) et les cuire dans un four préchauffé à 210 °C (th. 7) pendant 15 minutes.

Éplucher le concombre et l'ouvrir en deux. Ôter les pépins et détailler la chair en petits cubes. Les placer dans une passoire et les saler. Laisser mariner pendant 15 minutes et rincer sous un filet d'eau. Égoutter soigneusement et réserver.

Battre la crème à l'aide d'un fouet jusqu'à obtenir la consistance d'une crème Chantilly. Saler, poivrer et incorporer la chair de tourteau, l'aneth et la ciboulette. Réserver.

Assaisonner la salade avec l'huile, le vinaigre, le jus de citron, du sel et du poivre. La dresser au centre de 6 assiettes. Garnir les cornets avec le crabe assaisonné et les disposer sur les assiettes.

Décorer et servir.

Pannequets de brick au crabe

1 boîte de crabe (pattes et chair) de 185 g / 400 g de poireau / 60 g de beurre / 6 brins de ciboulette finement coupés / 1 œuf / 8 feuilles de brick / Sel, poivre.
Décor : *4 quartiers de citron / Pluches de persil plat.*

4 pers. Prép. : 30 min – Cuiss. : 30 min

Égoutter le crabe. Conserver 4 gros morceaux et émietter le restant. Couper finement le poireau. Faire fondre 30 g de beurre dans une cocotte et ajouter le poireau. Cuire à feu doux pendant 15 minutes. Débarrasser dans un saladier et ajouter le crabe en miettes, la ciboulette et l'œuf battu. Saler et poivrer.

Faire fondre le beurre restant et enduire les feuilles de brick. Les garnir avec le poireau et placer les gros morceaux sur le dessus. Former les pannequets (p. 7). Les placer sur une plaque beurrée. Cuire dans un four préchauffé à 180 °C (th. 6) pendant 15 minutes.

Servir aussitôt sur un lit de salade verte assaisonnée et décorer avec les quartiers de citron et les pluches de persil.

Cigares croustillants aux crevettes

50 g de vermicelles de riz / 20 cl d'huile d'olive / 2 oignons finement hachés / 1 cuil. à soupe de crème fraîche / 1/2 cuil. à café de curry / 1 gousse d'ail hachée / 1 cuil. à soupe de persil plat haché / 4 feuilles de brick / 8 belles crevettes roses décortiquées / 1 blanc d'œuf / 1 saucière de crème fouettée aux herbes / Piment d'Espelette / Sel.

Prép. : 15 min – Cuiss. : 15 min — 4 pers.

Plonger les vermicelles dans une grande casserole d'eau salée bouillante. Cuire pendant 1 minute et rafraîchir sous l'eau froide. Les couper en morceaux à l'aide de ciseaux.

Faire chauffer 2 cuillerées à soupe d'huile d'olive dans une poêle. Faire compoter l'oignon pendant 5 minutes à feu doux. Débarrasser dans un saladier et mélanger avec les vermicelles. Ajouter la crème, le curry, l'ail et le persil. Saler et mélanger.

Étaler les feuilles de brick et répartir la farce au centre en lui donnant la forme d'un boudin horizontal. Poser les crevettes sur la farce après les avoir assaisonnées avec du sel et du piment. Former les cigares en utilisant le blanc d'œuf comme colle.

Faire chauffer l'huile d'olive restante dans une sauteuse. Frire les cigares jusqu'à ce qu'ils soient bien colorés uniformément. Servir très chaud avec la crème fouettée aux herbes.

ÉVENTAILS

Badigeonner la feuille de brick avec du beurre fondu. La découper en quatre et plier les quarts en formant des éventails (tenir la base avec une pique en bois). Les placer sur une plaque et les cuire dans un four préchauffé à 180 °C (th. 6) pendant 10 minutes.

Brick aux crevettes et aux olives

2 pommes de terre / 1 cuil. de persil plat haché / 8 feuilles de brick / 100 g de champignons émincés en conserve / 80 g d'olives vertes dénoyautées hachées / 120 g de crevettes décortiquées / 1 œuf battu / 100 g d'emmenthal râpé / Sel, poivre.

4 pers. Prép. : 15 min – Cuiss. : 35 min

Cuire les pommes de terre dans de l'eau salée pendant 30 minutes. Réduire en purée, saler, poivrer et ajouter le persil.

Étaler 4 feuilles de brick, en placer 4 autres sur les premières. Disposer dessus la purée de pommes de terre, les champignons, les olives, les crevettes, de l'œuf battu et le fromage. Refermer les bricks pour former des chaussons.

Lorsque le bain de friture est chaud, y plonger les chaussons en arrosant régulièrement. Cuire pendant 5 minutes, égoutter sur un papier absorbant avant de servir.

Pastilla de gambas au curry

900 g de gambas / 4 tomates / 6 cuil. à soupe d'huile d'olive / 3 cuil. à soupe d'oignon haché / 2 gousses d'ail / 1 cuil. à soupe de curry / 1/2 l de lait de coco non sucré / 100 g de beurre / 8 feuilles de brick / 3 cuil. à soupe de coriandre hachée / Sucre glace / Sel, poivre.

OOO ✕✕ Prép. : 20 min – Cuiss. : 40 min 6 pers.

Décortiquer et couper les gambas en dés.

Plonger les tomates 15 secondes dans de l'eau bouillante puis les rafraîchir aussitôt. Les couper en deux et ôter les pépins. Couper la chair en petits dés réguliers.

Dans une sauteuse, faire chauffer l'huile d'olive et ajouter l'oignon. Laisser cuire 1 minute sans coloration. Ajouter l'ail, les gambas, les tomates, la moitié du curry, le lait de coco, du sel, du poivre et laisser mijoter 10 minutes. Égoutter en fin de cuisson et ôter les gousses d'ail.

Faire fondre le beurre et étaler trois feuilles de brick sur un moule à tarte en les faisant se chevaucher et en les laissant déborder très largement. En placer une supplémentaire au centre. Les badigeonner de beurre à l'aide d'un pinceau. Garnir le moule avec le mélange égoutté et parfumé à la coriandre. Rabattre les feuilles de brick pour recouvrir la préparation. Ajouter une nouvelle feuille au centre puis trois autres beurrées en rabattant les bords à l'intérieur du moule.

Cuire dans un four chaud à 210 °C (th. 7) pendant 20 minutes. Couvrir d'une feuille de papier d'aluminium au bout de 15 minutes. Saupoudrer la pastilla de sucre glace et de curry 2 minutes avant la sortie du four. Servir bien chaud.

Croustillants de homard aux champignons

2 brindilles de thym / 2 feuilles de laurier / 1 oignon piqué avec 1 clou de girofle / 2 homards bretons de 750 g / 250 g de champignons frais (girolles, cèpes, chanterelles, trompettes-de-la-mort...) / 3 cl d'huile / 3 cuil. à soupe de ciboulette finement coupée / 4 feuilles de brick / 40 g de beurre fondu / 1 saucière de beurre blanc aux herbes / Sel fin, gros sel et poivre.
Décor : *brins de ciboulette.*

Prép. : 30 min – Cuiss. : 30 min 4 pers.

Dans une cocotte, faire bouillir 3 l d'eau avec le thym, le laurier, l'oignon et le gros sel. Plonger les homards, les cuire pendant 15 minutes et les laisser refroidir dans la cuisson.

Laver et éponger soigneusement les champignons. Faire chauffer l'huile dans une poêle et cuire les champignons de façon à les colorer légèrement. Les débarrasser, les assaisonner et ajouter la ciboulette. Réserver.

Décortiquer les homards. Réserver les pinces et détailler les corps en médaillons de 1/2 cm d'épaisseur. Réserver.

Étaler les feuilles de brick et les badigeonner de beurre fondu à l'aide d'un pinceau. Répartir au centre de chacune d'elles les médaillons de homard puis les champignons. Conserver 2 cuillerées à soupe de champignons et les pinces de homard pour le décor. Fermer les aumônières avec des piques en bois. Les placer sur un plat allant au four et cuire pendant 10 minutes à 180 °C (th. 6). Ôter les piques en fin de cuisson.

Réchauffer à la poêle ou au micro-ondes les pinces et les champignons. Dresser le beurre blanc dans le fond de 4 assiettes et ajouter les aumônières et les éléments de décor. Servir aussitôt.

Bricks aux langoustines et au basilic

12 belles langoustines / 2 jaunes d'œufs / 3 feuilles de brick / 24 feuilles de basilic lavées / 7 cuil. à soupe d'huile d'olive / 80 g de mâche / 1 cuil. à café de vinaigre / 1 saucière de beurre blanc / Sel, poivre.
Décor : *brins de ciboulette détaillés en bâtonnets / Quartiers de tomates cerise.*

Prép. : 20 min – Cuiss. : 10 min 6 pers.

Décortiquer les langoustines. Les saler et les poivrer.

Dans un ramequin, battre les jaunes d'œufs avec une cuillère à soupe d'eau à l'aide d'une fourchette. Couper les feuilles de brick en quatre.

Entourer chaque langoustine avec 2 feuilles de basilic. Les placer au centre d'un quart de feuille de brick. Badigeonner de jaunes battus à l'aide d'un pinceau les bordures et la replier en deux. Rabattre ensuite les extrémités.

Dans une poêle, faire chauffer 6 cuillerées à soupe d'huile d'olive et colorer les bricks. Lorsqu'elles sont bien dorées, les débarrasser sur un papier absorbant.

Assaisonner la mâche avec le vinaigre, du sel, du poivre et la dernière cuillerée à soupe d'huile d'olive. La dresser au centre de 6 assiettes, ajouter un cordon de beurre blanc autour et terminer par les langoustines. Décorer et servir.

SPAGHETTIS CROUSTILLANTS

Détailler des bandes de la taille d'une paille dans une feuille de brick beurrée. Les enrouler autour d'aiguilles à brider, les placer sur une plaque et les cuire 5 minutes dans un four préchauffé à 180 °C (th. 6).

Vous pouvez être créatif et inventer des éléments de décor pour décorer vos préparations.

Millefeuille de haddock à la fondue de poireau

4 feuilles de brick / 50 g de beurre / 1 cuil. à soupe de graines de sésame / 1 cuil. à café de curry / 600 g de blanc de poireau / 500 g de haddock / 1/2 l de lait / 20 cl de crème fraîche épaisse / 1 cuil. à soupe d'aneth haché / Sel, poivre.

Décor : *pluches d'aneth.*

Prép. : 30 min – Cuiss. : 20 min 4 pers.

Détailler les feuilles de brick en rectangles. Les badigeonner de 20 g de beurre fondu, les parsemer de graines de sésame et saupoudrer de curry. Cuire au four sur une plaque à 180 °C (th. 6) pour les rendre croustillants.

Émincer finement le poireau. Dans une cocotte, faire fondre le restant de beurre et cuire le poireau à feu moyen pendant 10 minutes à couvert et 10 minutes à feu doux. Assaisonner et réserver au chaud.

Couvrir le haddock avec le lait, porter à frémissement pendant 10 minutes. Égoutter et détailler en lanières.

Faire bouillir la crème. Saler, poivrer et ajouter l'aneth.

Dans 4 assiettes, placer au centre un rectangle de brick. Dresser dessus de la fondue de poireau et du haddock. Placer un nouveau rectangle et recommencer pour terminer par de la brick.

Terminer par un cordon de crème autour. Décorer d'aneth et servir.

Croustillants de rougets au fenouil

4 fenouils / 6 cuil. à soupe d'huile d'olive / 1 feuille de brick / 10 g de beurre fondu / 50 g d'olives noires / 1 saucière de beurre blanc / 8 filets de rouget barbet / 12 pétales de tomate confite / Sel, poivre.
Décor : *pluches d'aneth.*

Prép. : 15 min – Cuiss. : 30 min — 4 pers.

Cuire les fenouils dans de l'eau bouillante salée pendant 20 minutes. Les égoutter soigneusement et les réduire en purée. Assaisonner et ajouter 2 cuillerées à soupe d'huile d'olive. Réserver au chaud.

Détailler la feuille de brick en 8 triangles. Les badigeonner de beurre fondu et les cuire 5 minutes dans un four préchauffé à 180 °C (th. 6). Réserver.

Hacher les olives et les ajouter au beurre blanc.

Saler, poivrer les filets de rouget désarêtés et les cuire 1 minute de chaque côté dans une poêle antiadhésive avec le restant d'huile d'olive.

Réchauffer légèrement les tomates au four à micro-ondes.

Placer un triangle de brick au centre des assiettes. Ajouter la purée de fenouil et les pétales de tomate et dresser les filets de rouget légèrement à cheval dessus. Terminer par un triangle de brick et un cordon de beurre aux olives. Décorer et servir.

Tartes fines de sardine et vinaigrette au curry

4 feuilles de brick / 25 cl d'huile d'olive / 100 g de tapenade / 10 filets de sardine fraîche / 4 tomates cerise / 10 cl de vinaigre balsamique / Le jus de 1/2 citron vert / 1 cuil. à café de curry en poudre / 80 g de pousses d'épinard / Sel, poivre.

4 pers. Prép. : 15 min – Cuiss. : 6 min

Détailler 12 disques de feuilles de brick de 10 cm de diamètre. Les badigeonner avec 5 cl d'huile d'olive et les superposer par trois. Les placer sur une plaque allant au four puis les tartiner avec la tapenade. Détailler les filets de sardines en deux et les répartir sur les quatre tartes fines. Ajouter les tomates cerise au centre et les réserver au frais.

Mélanger le vinaigre balsamique, le jus de citron, le curry, du sel, du poivre et 15 cl d'huile d'olive. Réserver.

Faire chauffer le restant d'huile d'olive dans une poêle antiadhésive. Colorer la base des tartelettes pendant 2 minutes et les replacer sur la plaque. Terminer la cuisson dans un four préchauffé à 180 °C (th. 6) pendant 4 minutes.

Assaisonner les pousses d'épinard avec un peu de vinaigrette et les dresser dans 4 assiettes. Ajouter les tartes fines et arroser l'ensemble avec le restant de vinaigrette avant de servir.

Bricks au thon

4 pommes de terre moyennes / 1 cuil. à soupe de coriandre hachée / 8 feuilles de brick / 40 g de beurre fondu / 200 g de thon naturel en boîte / 25 câpres hachées / 4 œufs / 8 cuil. à soupe d'huile d'olive / 80 g de mesclun / 1 tomate coupée en quartiers / 1 cuil. de vinaigre balsamique / Sel, poivre.
Décor : *pluches de persil plat / 4 quartiers de citron.*

Prép. : 20 min – Cuiss. : 45 min 4 pers.

Cuire les pommes de terre en robe de chambre dans de l'eau bouillante (départ à froid).

Les éplucher et les réduire en purée. Saler, poivrer et ajouter la coriandre. Étaler les feuilles de brick en les superposant deux par deux. Les enduire de beurre fondu.

Dresser au centre les pommes de terre et ajouter le thon et les câpres. Casser un œuf sur l'ensemble, assaisonner et refermer la brick en rabattant les bordures.

Faire chauffer 6 cuillerées à soupe d'huile d'olive dans une poêle. Colorer chaque face des bricks pendant 5 à 6 minutes.

Assaisonner le mesclun et les quartiers de tomate avec le restant d'huile d'olive, le vinaigre, du sel et du poivre.

Dresser l'ensemble dans 4 assiettes et décorer avant de servir.

Le quartier de citron permet d'arroser la brick avant de la déguster.

Croustillants de saumon fumé aux herbes

2 cuil. à soupe de ciboulette finement coupée / 1 cuil. à soupe de persil plat haché / 1 cuil. à soupe d'aneth haché / 1 cuil. à soupe de coriandre hachée / 1 cuil. à café de moutarde ancienne / 1 cuil. à café de miel liquide / 6 feuilles de brick / 1 cuil. à soupe d'huile d'olive / 500 g de saumon fumé tranché / 3 œufs durs hachés / 1 saucière de crème fouettée acidulée / Poivre.

6 pers. Prép. : 25 min – Cuiss. : 5 min

Mélanger les herbes, la moutarde et le miel. Poivrer. Étaler les feuilles de brick et les badigeonner avec l'huile d'olive. Répartir dessus le saumon fumé et étaler le mélange d'herbes et les œufs. Rouler les feuilles en les serrant légèrement.

Couper des tronçons de 4 cm environ et les piquer avec une pique en bois. Les passer dans un four préchauffé à 200 °C (th. 6-7) pendant 5 minutes. Retirer les piques et servir avec la crème fouettée.

Bricks orientales de cabillaud

1 poivron rouge / 1 poivron vert / 2 petites courgettes / 6 cuil. à soupe d'huile d'olive / 1,100 kg de filets de cabillaud / Cumin / Le jus de 1 citron / 1 cuil. à café de gingembre en poudre / 2 cuil. à soupe de sauce de soja / 2 cuil. à soupe de sauce chili / 50 cl de fumet de poisson / 1 cuil. à café de fécule de pomme de terre / 9 feuilles de brick / 50 g de beurre fondu / 1 cuil. à soupe de coriandre hachée / Sel, poivre.

Décor : *6 quartiers de citron / Pluches de persil plat.*

Prép. : 25 min – Cuiss. : 30 min — 6 pers.
Repos : 15 min

Brûler la peau des poivrons au-dessus d'une flamme et les envelopper dans du papier film. Les laisser reposer 15 minutes. Sous un filet d'eau, ôter la peau. Les ouvrir en deux et ôter l'intérieur. Les détailler en lanières régulières. Réserver.

Détailler les courgettes en dés réguliers. Réserver.

Faire chauffer 2 cuillerées à soupe d'huile dans une poêle, saisir pendant 2 minutes le cabillaud détaillé en cubes et réserver sur un papier absorbant. Saler et poivrer.

Dans la même poêle lavée, ajouter 2 cuillerées à soupe d'huile et faire sauter les poivrons. Arrêter la cuisson lorsqu'ils sont devenus tendres. Cuire les courgettes de la même façon. Assaisonner les poivrons avec du sel et du poivre et les courgettes avec du sel et du cumin.

Dans une casserole, faire réduire de moitié le jus de citron, le gingembre, la sauce de soja, la sauce chili et le fumet. Lier la sauce avec la fécule de pomme de terre. Rectifier l'assaisonnement et réserver.

Étaler 6 feuilles de brick et les badigeonner avec le beurre fondu. Renforcer le centre avec une demi-feuille et disposer équitablement les poivrons, les courgettes et le cabillaud. Conserver un peu de légume pour le décor. Ajouter la coriandre hachée. Refermer les bricks en plaçant les plis en dessous. Les placer sur une plaque allant au four et cuire 10 minutes à 200 °C (th. 6-7) dans un four préchauffé. Dresser les bricks sur assiette avec un cordon de sauce et les légumes réservés autour. Décorer et servir.

Papillotes croustillantes de merlan aux jeunes légumes

8 gousses d'ail pelées / 6 feuilles de brick / 800 g de filets de merlan / 25 cl d'huile d'olive / 12 carottes fanes / 12 minifenouils / 12 minipoireaux / 5 jaunes d'œufs / 50 cl de fumet de poisson / Sel, poivre.

6 pers. Prép. : 30 min – Cuiss. : 40 min

Faire cuire 5 gousses d'ail dans de l'eau pendant 15 minutes en changeant trois fois l'eau de cuisson. Les égoutter et les réduire en purée. Saler et poivrer.

Étaler les feuilles de brick et répartir les filets de merlan. Saler et poivrer. Étaler la purée d'ail sur les filets. Rouler les feuilles et attacher les extrémités avec de la ficelle de cuisine. Les badigeonner avec 4 cuillerées à soupe d'huile d'olive et enfourner dans un four préchauffé à 180 °C (th. 6) pendant 15 minutes.

Éplucher les carottes, les fenouils et les poireaux. Les cuire à la vapeur pendant environ 15 minutes. Saler et poivrer. Réserver au chaud.

Réduire les 3 gousses d'ail restantes en purée à l'aide d'un pilon. Débarrasser dans une sauteuse, ajouter les jaunes d'œufs et monter avec le restant d'huile d'olive. Verser dessus le fumet de poisson chaud. Cuire à feu très doux jusqu'à ce que la sauce soit nappante. Rectifier l'assaisonnement.

Ôter la ficelle des papillotes et les dresser sur les assiettes. Disposer autour les légumes et la sauce.

Bricks au thon et à la tomate

5 tomates / 5 cuil. à soupe d'huile d'olive / 1 cuil. à soupe d'échalote finement coupée / 4 belles feuilles de basilic / 300 g de thon frais détaillé en cubes / 4 feuilles de brick / 30 g de beurre fondu / Le jus de 1 citron / Sel, poivre.
Décor : *quartiers de citron / Feuilles de basilic.*

Prép. : 20 min – Cuiss. : 30 min 4 pers.

Plonger les tomates 15 secondes dans de l'eau bouillante puis aussitôt dans de l'eau froide. Ôter la peau et les pépins. Détailler la chair en dés. Dans une sauteuse, faire chauffer 2 cuillerées à soupe d'huile d'olive et ajouter l'échalote. Cuire 1 minute sans coloration et ajouter la tomate. Laisser cuire à feu doux pendant 15 minutes et ajouter le basilic finement coupé. Réserver.

Dans une poêle, faire chauffer le restant d'huile d'olive et saisir le thon pendant 1 minute. Débarrasser sur un papier absorbant. Assaisonner.

Badigeonner les feuilles de brick de beurre fondu à l'aide d'un pinceau. Répartir au centre la tomate et répartir les cubes de thon. Plier les côtés gauches, puis les côtés droits sur la garniture. Procéder de la même façon pour les parties inférieures et supérieures afin de former des pannequets. Les placer sur une plaque allant au four en veillant à mettre les plis dessous.

Cuire 10 minutes dans un four chaud à 200 °C (th. 6-7). Décorer et arroser avec le jus de citron avant de servir.

Millefeuilles de truite fumée aux asperges et crème acidulée

20 cl de crème fraîche liquide / 1 yaourt nature / Le jus de 1 citron vert / 1 cuil. à soupe d'aneth haché / 3 feuilles de brick / 40 g de beurre fondu / 8 asperges vertes cuites / 250 g de truite fumée prétranchée / Sel, poivre.
Décor : *pluches d'aneth / Tranches de citron vert / Quartiers de tomates cerise.*

Prép. : 20 min – Cuiss. : 10 min — 4 pers.

Dans un bol, mélanger la crème, le yaourt, le jus de citron, l'aneth, du sel et du poivre. Réserver au frais.

Détailler chaque feuille de brick en 6 triangles. Les badigeonner de beurre fondu et placer sur une plaque. Cuire dans un four chaud à 180 °C (th. 6) jusqu'à l'obtention d'une couleur dorée. Débarrasser et laisser refroidir.

Couper les têtes des asperges et les fendre en deux. Réserver. Détailler les queues en petits dés et les débarrasser dans un bol. Les assaisonner avec 2 cuillerées à soupe de crème acidulée.

Dans les assiettes de service, dresser sur un triangle de feuille de brick des asperges assaisonnées et une tranche de truite. Ajouter un autre triangle puis ajouter à nouveau les mêmes ingrédients et terminer par une feuille de brick. Décorer avec les pointes d'asperge et les autres éléments de décor. Servir avec le restant de crème acidulée.

Bricks à l'œuf provençale

6 cuil. à soupe d'huile d'olive / 1 oignon finement coupé / 1 poivron rouge coupé en dés / 5 tomates coupées en dés / 2 gousses d'ail hachées / 1 brindille de thym frais / 3 courgettes coupées en dés / 1 aubergine coupée en dés / 60 g de beurre / 6 feuilles de brick / 6 œufs / Sel, poivre.
Décor : *pluches de persil plat.*

Prép. : 50 min – Cuiss. : 1 h — 6 pers.

Faire chauffer 3 cuillerées à soupe d'huile d'olive dans une poêle. Cuire l'oignon à feu doux pendant 2 minutes. Ajouter le poivron et continuer la cuisson pendant 5 minutes. Incorporer les tomates, l'ail et le thym et laisser mijoter pendant environ 30 minutes.

Dans une autre poêle et avec le restant d'huile d'olive, cuire les courgettes et l'aubergine pendant 15 minutes. Les ajouter au premier mélange et laisser cuire encore 3 minutes. Rectifier l'assaisonnement et réserver au chaud.

Dans une poêle, faire chauffer à feu doux 10 g de beurre et y déposer une feuille de brick. Casser un œuf au centre et le battre à l'aide d'une fourchette. Saler et poivrer. Refermer la feuille de brick en repliant les bords pour former un carré. Retourner et faire colorer les deux côtés. Procéder de la même façon pour les autres bricks.

Dresser la ratatouille au centre des assiettes et placer la brick à l'œuf légèrement à cheval dessus. Décorer et servir.

Aumônières croustillantes à la tomate

4 tomates / 200 g de faisselle / 10 cl d'huile d'olive / 1 cuil. à soupe de ciboulette ciselée / 1 cuil. à soupe de basilic séché / 4 feuilles de brick / 4 cuil. à café de moutarde / 4 belles tranches de poitrine fumée / Sel, poivre.

Prép. : 20 min – Cuiss. : 15 min 4 pers.

Couper le chapeau des tomates et les évider. Les saler et les retourner sur une grille. Mélanger le fromage avec la moitié de l'huile d'olive, la ciboulette, le basilic, du sel et du poivre. Garnir les tomates avec le mélange et replacer les chapeaux.

Étaler les feuilles de brick et les badigeonner avec le restant d'huile d'olive et la moutarde. Enfermer chaque tomate avec une tranche de poitrine fumée puis dans une feuille de brick en formant une aumônière à l'aide de piques en bois. Cuire dans un four préchauffé à 180 °C (th. 6) pendant 15 minutes. Servir aussitôt avec un peu de salade verte, par exemple.

Triangles croustillants aux légumes

200 g de carottes / 300 g de pommes de terre / 1 gousse d'ail / 50 g de beurre / 1 cuil. à soupe de ciboulette finement coupée / 4 feuilles de brick / Sel, poivre.

4 pers. Prép. : 15 min – Cuiss. : 30 min

Éplucher et détailler les carottes et les pommes de terre en morceaux. Cuire les carottes dans de l'eau bouillante salée pendant 10 minutes. Cuire les pommes de terre dans de l'eau salée départ à froid pendant 20 minutes. Égoutter les légumes et réduire en purée. Ajouter l'ail haché, 20 g de beurre et la ciboulette. Rectifier l'assaisonnement.

Badigeonner les feuilles de brick du reste de beurre fondu et former des triangles garnis de purée. Cuire dans un four préchauffé à 180 °C (th. 6) pendant 10 minutes. Servir aussitôt.

Cette préparation peut être servie en entrée sur un lit de salade, en garniture ou tout simplement lors d'un apéritif.

Aumônières de maroilles et d'asperges vertes

8 asperges vertes / 4 feuilles de brick / 30 g de beurre fondu / 400 g de maroilles / Cumin / 3 cuil. à soupe de vinaigre de framboise / 5 cuil. à soupe d'huile de noisette / 80 g de mesclun / Sel, poivre.
Décor : *tomates cerise / Pluches de cerfeuil.*

Prép. : 15 min – Cuiss. : 15 min 4 pers.

Éplucher les asperges et les cuire 8 minutes dans de l'eau bouillante salée. Les rafraîchir, réserver les 8 têtes et couper les pieds en dés. Réserver.

Étaler les 4 feuilles de brick et les badigeonner de beurre fondu. Disposer au centre le maroilles détaillé en tranches et assaisonner avec du cumin. Refermer les aumônières à l'aide de piques en bois. Les placer sur une plaque et cuire 6 minutes dans un four préchauffé à 160 °C (th. 5-6).

Dans un bol, mélanger le vinaigre de framboise, l'huile de noisette, du sel et du poivre. Assaisonner le mesclun et les queues d'asperge et dresser l'ensemble dans 4 assiettes. Ajouter les aumônières, après avoir ôté les piques, et les têtes d'asperge. Décorer et servir.

Brick aux épinards et à la feta

300 g de feta / 25 cl de crème fraîche / 50 g de beurre / 2 gousses d'ail / 500 g de pousses d'épinards / 10 feuilles de brick / 1 cuil. à soupe de graines de sésame / Sel, poivre.

6 pers. Prép. : 15 min – Cuiss. : 30 min

Mélanger la feta et la crème. Saler, poivrer et réserver.

Dans une poêle, faire fondre 20 g de beurre à feu doux et ajouter les gousses d'ail et les épinards. Cuire pendant 10 minutes et assaisonner. Ôter les gousses d'ail et réserver.

Badigeonner la moitié des feuilles de brick avec le reste de beurre fondu et garnir le fond d'un plat à gratin. Faire une première couche avec la moitié des épinards puis une seconde avec la feta et terminer par le restant des épinards. Recouvrir le plat avec les dernières feuilles de brick badigeonnées avec du beurre. Rabattre les feuilles de brick du fond sur celles du dessus. Saupoudrer de graines de sésame.

Cuire pendant 20 minutes dans un four préchauffé à 180 °C (th. 6). Servir aussitôt.

Bricks au saint-marcellin

3 pommes de terre moyennes / 6 feuilles de brick / 30 g de beurre / 3 saint-marcellin / 2 cuil. à soupe de ciboulette finement coupée / 2 cuil. à soupe de miel liquide / 80 g de mesclun / 1 cuil. à soupe de vinaigre de cidre au miel / 2 cuil. à soupe d'huile de noisette / Sel, poivre.
Décor : *tomates cerise / Brins de ciboulette.*

Prép. : 20 min – Cuiss. : 40 min 6 pers.

Cuire les pommes de terre en robe de chambre pendant 25 minutes. Les éplucher et les détailler en rondelles.

Étaler 4 feuilles de brick pour les enduire de beurre fondu. Ajouter une demi-feuille au centre pour les consolider. Disposer une couche de pommes de terre puis déposer 1/2 saint-marcellin dessus. Ajouter de la ciboulette, du sel, du poivre et du miel. Refermer l'ensemble en formant un pavé (carré) dont la fermeture se trouvera en dessous. Les placer dans un plat beurré et cuire à 180 °C (th. 6) pendant 15 minutes dans un four préchauffé.

Assaisonner la salade avec le vinaigre, l'huile de noisette, du sel et du poivre. La dresser sur 4 assiettes, ajouter les bricks chaudes et servir.

Bricks de poires et de roquefort

3 poires conférence / 100 g de roquefort / 180 g de fromage frais / 8 feuilles de brick / 50 g de beurre fondu / Cannelle / 4 cuil. à café de miel / 50 g de cerneaux de noix / Poivre.

4 pers. Prép. : 30 min – Cuiss. : 20 min

Laver, éplucher et détailler les poires en fines lamelles. Couper le roquefort en fines tranches et le fromage frais en petits dés. Étaler les feuilles de brick et les enduire de beurre fondu à l'aide d'un pinceau. Déposer à l'extrémité de chaque feuille quelques tranches de poire, du roquefort et du fromage frais. Saupoudrer de poivre et de cannelle. Terminer par un peu de miel et des noix concassées. Refermer les bricks en repliant les deux côtés puis en les roulant comme un nem.

Les placer sur un plat allant au four et les cuire pendant 20 minutes à 180 °C (th. 6) dans un four préchauffé.

Servir aussitôt avec un mélange de salade assaisonné avec une vinaigrette à base d'huile d'olive et de vinaigre balsamique.

Croustillants de chèvre et fondue de poireau

2 blancs de poireau / 3 cuil. à soupe d'huile d'olive / 1 cuil. à soupe de coriandre fraîche hachée / 4 feuilles de brick / 8 tranches de fromage de chèvre de 5 mm d'épaisseur / 80 g de salade assaisonnée / 12 pétales de tomates confites / 1/2 saucière de coulis de tomates / Sel, poivre.
Décor : *pluches de persil plat.*

Prép. : 15 min – Cuiss. : 20 min — 4 pers.

Couper très finement les blancs de poireau. Faire chauffer une cuillerée à soupe d'huile d'olive dans une sauteuse à feu doux. Ajouter le poireau et cuire à couvert pendant 10 minutes. Ôter le couvercle, saler, poivrer et poursuivre la cuisson 5 minutes. Ajouter la coriandre et réserver.

Étaler les feuilles de brick et les badigeonner avec le restant d'huile d'olive. Répartir au centre la fondue de poireau et les tranches de chèvre. Saler et poivrer avant de replier les feuilles de brick pour former des chaussons fermés. Les placer sur une plaque allant au four et les cuire 6 minutes dans un four préchauffé à 180 °C (th. 6).

Les dresser à l'assiette avec la salade, les tomates confites, le coulis de tomates et les pluches de persil avant de servir.

Pannequets croustillants de Savoie

3 pommes de terre cuites à l'eau / 100 g de lardons fumés / 1/2 oignon haché / 1 cuil. à soupe de ciboulette / 100 g de reblochon / 4 feuilles de brick / 30 g de beurre fondu / 2 cuil. à soupe de crème fraîche / 80 g de salade verte assaisonnée / Sel, poivre.

4 pers. Prép. : 15 min – Cuiss. : 15 min

Éplucher les pommes de terre et les détailler en rondelles de 5 mm. Faire sauter les lardons dans une poêle avec l'oignon pendant 3 minutes à feu doux et mélanger avec les pommes de terre. Saler, poivrer et ajouter la ciboulette.

Détailler le reblochon en tranches et étaler les feuilles de brick. Les badigeonner de beurre fondu. Répartir au centre le reblochon puis le mélange à base de pomme de terre et la crème. Refermer les feuilles de brick en formant des pannequets. Les placer sur une plaque allant au four, les plis contre la plaque.

Cuire dans un four préchauffé pendant 10 minutes à 170 °C (th. 5-6). Dresser dans 4 assiettes et servir avec la salade verte assaisonnée.

Salade de canard et croustillants au camembert

1 camembert / 4 feuilles de brick / 20 g de beurre fondu / 4 gésiers de canard confits / 100 g de mesclun de salade / 1 échalote finement coupée / 5 cl de vinaigre de cidre / 200 g de magret de canard fumé / 12 pétales de tomate confite / 20 cl de crème fraîche / 1 cuil. à soupe de ciboulette hachée / Sel, poivre.

Prép. : 20 min – Cuiss. : 15 min 4 pers.

Couper le camembert en huit. Badigeonner les feuilles de brick avec du beurre fondu. Envelopper chaque morceau dans une demi-feuille de brick en la maintenant avec une pique en bois. Cuire 5 minutes dans un four préchauffé à 200 °C (th. 6-7).

Détailler les gésiers en tranches. Assaisonner le mesclun avec du sel, du poivre, l'échalote et le vinaigre. Le dresser au centre de 4 assiettes. Disposer dessus le magret, les gésiers et les tomates confites.

Faire chauffer la crème, saler, poivrer et ajouter la ciboulette.

Dresser les croustillants de camembert sur les salades et arroser l'ensemble avec la crème avant de servir.

Samoussas de magret fumé

10 cl d'huile d'olive / 2 oignons rouges finement émincés / 4 feuilles de brick / 8 pruneaux dénoyautés / 50 g de roquette lavée et séchée / 200 g de magret fumé en tranches / 1 blanc d'œuf / 1 cuil. à soupe de graines de sésame / Sel, poivre.

4 pers. Prép. : 50 min – Cuiss. : 40 min

Faire chauffer 2 cuillerées à soupe d'huile d'olive dans une petite casserole. Faire compoter les oignons à feu doux pendant 20 minutes. Saler, poivrer et réserver.

Découper les feuilles de brick en grands carrés. Détailler les pruneaux en petits dés. Poser à la base des carrés des pruneaux, de l'oignon, des feuilles de roquette et 4 tranches de magret fumé. Replier le carré de façon à obtenir un triangle. Coller le triangle à l'aide du blanc d'œuf, les badigeonner d'huile d'olive et les saupoudrer de sésame. Les placer dans un plat et les cuire dans un four préchauffé à 180 °C (th. 6) pendant 20 minutes. Les retourner à mi-cuisson pour que la coloration soit homogène. Servir aussitôt accompagné d'une salade de roquette assaisonnée avec une vinaigrette.

Magrets de canard et bricks aux asperges

600 g d'asperges vertes / 1 cuil. à soupe de persil haché / 1 cuil. à soupe d'échalote finement coupée / 60 g de carottes / 60 g de poireaux / 60 g de navets / 100 g de beurre / 6 feuilles de brick / 200 g de pommes de terre / 2 cuil. à soupe de graisse de canard / 2 cuil. à soupe d'huile d'arachide / 4 gros magrets de canard / 2 cuil. à soupe de vinaigre de xérès / 2 cuil. à soupe de vinaigre de vin / 20 cl de fond brun de volaille lié / Pluches de cerfeuil / Sel, poivre.

Prép. : 25 min – Cuiss. : 30 min   6 pers.

Éplucher les asperges et les cuire dans de l'eau bouillante salée pendant 7 minutes. Les rafraîchir aussitôt. Réserver les têtes. Détailler les queues en dés et les mélanger avec le persil et la moitié de l'échalote.

Tailler carottes, poireaux et navets en fins filaments. Cuire 5 minutes à couvert avec 40 g de beurre. Terminer la cuisson 10 minutes à découvert. Réserver.

Étaler et badigeonner avec le reste de beurre fondu les feuilles de brick. Diminuer de 5 cm le diamètre. Répartir au centre le mélange de légumes et les queues d'asperge. Refermer les bricks avec des piques en bois en formant des aumônières. Les placer sur un plat et les cuire pendant 10 minutes à 180 °C (th. 6) dans un four préchauffé. Ôter les piques en fin de cuisson.

Éplucher et détailler les pommes de terre en cubes. Les cuire dans une poêle avec la graisse de canard pendant 15 minutes. Saler et poivrer.

Saisir les magrets à l'huile dans une poêle et terminer la cuisson au four pendant 15 minutes à 180 °C (th. 6). Les envelopper dans du papier d'aluminium et les laisser reposer 5 minutes avant de les trancher. Ôter la graisse de cuisson des magrets et faire légèrement colorer le restant d'échalote. Verser les vinaigres et faire réduire de moitié. Ajouter le fond de volaille et monter au beurre. Rectifier l'assaisonnement. Ajouter les têtes d'asperge.

Dresser les aumônières d'asperge dans le haut des assiettes et les pommes de terre au centre. Disposer les magrets tranchés en éventail légèrement à cheval sur les pommes de terre. Terminer par la sauce avec les têtes d'asperge et ajouter les pluches de cerfeuil avant de servir.

Bricks à la dinde

1 oignon finement haché / 4 cuil. à soupe d'huile d'olive / 2 tomates coupées en petits dés / 4 cuil. à soupe de persil haché / 4 cuil. à soupe de coriandre hachée / 500 g d'escalope de dinde hachée / 2 cuil. de pignons de pin / 6 feuilles de brick / 4 œufs +1 blanc / 20 cl d'huile végétale / Sel, poivre.

4 pers. Prép. : 30 min – Cuiss. : 20 min

Cuire à feu doux pendant 5 minutes l'oignon dans l'huile d'olive. Ajouter la tomate et les herbes. Cuire 5 minutes à feu doux. Ajouter la dinde et bien remuer. Débarrasser et ajouter les pignons. Saler et poivrer.

Étaler 4 feuilles de brick et renforcer le centre avec une demi-feuille supplémentaire. Répartir la dinde au centre et casser un œuf dessus avant de refermer la brick. Saler et poivrer. Refermer la brick en utilisant le blanc d'œuf comme colle.

Faire frire dans l'huile végétale bien chaude pendant 8 minutes. Arroser le dessus des bricks pendant la cuisson.

Servir sur un lit de salades mélangées.

Millefeuilles de lapin au fromage de chèvre

1 cube de bouillon de volaille / 2 cuisses de lapin / 4 feuilles de brick / 30 g de beurre fondu / 125 g de péquillos (en boîte) / 1/2 fromage de chèvre frais / 10 feuilles de basilic / 2 gousses d'ail / 6 cuil. à soupe d'huile d'olive / 1/2 saucière de coulis de tomates au basilic / Sel, poivre.
Décor : feuilles de basilic et quartiers de tomates cerise.

Prép. : 30 min – Cuiss. : 1 h 10 min 4 pers.

Faire chauffer le bouillon de volaille. Saler et poivrer. Cuire à feu doux les cuisses de lapin coupées en deux pendant 1 heure. Réserver.

Couper 16 carrés de 6 cm de côté dans les feuilles de brick. Les badigeonner de beurre fondu et les placer sur une plaque antiadhésive allant au four. Les faire colorer 5 minutes dans un four préchauffé à 180 °C (th. 6).

Émincer finement les péquillos en lanières. Couper le fromage frais en 4 tranches et le placer sur une petite plaque allant au four. Chauffer 3 minutes dans un four préchauffé à 160 °C (th. 5-6) au moment du montage du millefeuille.

Mixer les feuilles de basilic, l'ail et l'huile d'olive. Saler, poivrer et réserver.

Effilocher la chair de lapin, saler et poivrer. Mélanger avec les péquillos.

Monter les millefeuilles directement au centre des assiettes. Commencer par un carré de brick avec du lapin. Ajouter un nouveau carré avec une tranche de fromage chaud et arroser avec l'huile d'olive au basilic. Couvrir avec un nouveau carré de brick et terminer par du lapin et un dernier carré. Décorer et ajouter le coulis de tomates avant de servir.

Croustillants de foie gras aux figues

6 figues violettes / 50 g de beurre / 4 cuil. à soupe de vinaigre de vin vieux / 400 g de foie gras cru de canard / 4 feuilles de brick / 2 cuil. à soupe de vinaigre balsamique / 2 cuil. à soupe d'huile d'olive / 1 cuil. à soupe d'huile de noisette / 1 cuil. à soupe de ciboulette finement coupée / 80 g de mesclun de salade / 12 tomates cerise / 20 g de pignons de pin / Sel, sucre et poivre.
Décor : *brins de ciboulette / 2 figues coupées en quartiers.*

Prép. : 15 min – Cuiss. : 30 min 4 pers.

Couper les figues en six et les placer dans une casserole avec le beurre cru, le vinaigre de vin vieux, du sel, du poivre et du sucre. Faire cuire à feu doux pendant 20 minutes en remuant régulièrement. Débarrasser et réserver.

Détailler le foie gras en escalopes. Faire chauffer vivement une poêle antiadhésive et précuire les escalopes 50 secondes de chaque côté. Réserver sur un papier absorbant. Saler et poivrer.

Étaler les feuilles de brick et les badigeonner avec le reste de beurre fondu. Répartir au centre les figues et ajouter dessus les escalopes de foie gras. Replier les extrémités des feuilles de brick pour fermer les croustillants. Les placer sur une plaque et les cuire 10 minutes à 160 °C (th. 5-6) dans un four préchauffé.

Confectionner une vinaigrette avec le vinaigre balsamique, les huiles d'olive et de noisette, la ciboulette, du sel et du poivre. Assaisonner le mesclun et ajouter les tomates cerise coupées en quartiers avant de le dresser dans 4 assiettes. Ajouter les croustillants dès qu'ils sont dorés, les pignons et décorer les assiettes avant de servir.

Aumônières croustillantes de poulet aux pommes

1 poulet fermier / 3 cuil. à soupe d'huile d'arachide / 1/2 oignon finement coupé / 1 échalote finement coupée / 1 gousse d'ail / 1 carotte finement coupée / 10 cl de vinaigre balsamique / 3 cuil. à soupe d'huile d'olive / 60 g de beurre / 250 g de pommes golden détaillées en quartiers / 1 cuil. à soupe de persil plat haché / 2 cuil. à soupe de pignons de pin grillés / 4 feuilles de brick / 5 g de fécule de pomme de terre / Pluches de persil plat / Sel, poivre.

4 pers. Prép. : 25 min – Cuiss. : 1 h 10 min

Désosser le poulet entièrement. Réserver au frais.

Faire chauffer l'huile d'arachide et faire colorer les os de la carcasse. Ajouter l'oignon, l'échalote, l'ail, la carotte et laisser cuire 2 minutes. Couvrir l'ensemble avec de l'eau. Laisser cuire pendant 40 minutes. Passer à l'aide d'une passoire, faire réduire le jus aux trois quarts et ajouter le vinaigre balsamique.

Détailler la chair de poulet en lanières et cuire dans une poêle avec l'huile d'olive. Cuire pendant 15 minutes. Débarrasser et réserver.

Dans la poêle, faire colorer dans 30 g de beurre pendant 3 minutes les quartiers de pommes et les ajouter au poulet. Rectifier l'assaisonnement et ajouter le persil et la moitié des pignons de pin.

Badigeonner les feuilles de brick avec le reste de beurre fondu. Disposer au centre le poulet et les pommes et fermer les aumônières avec des cure-dents. Placer sur une plaque allant au four.

Cuire dans un four chaud à 180 °C (th. 6) pendant 15 minutes environ.

Lier le jus avec la fécule et rectifier l'assaisonnement.

Dresser les aumônières dans 4 assiettes avec un cordon de sauce autour. Ajouter une pluche de persil et le restant des pignons avant de servir.

Pastilla de pintade aux amandes

1 pintade / 1 cuil. à soupe de cannelle en poudre / 7 cuil. à soupe d'huile d'olive / 1/2 oignon haché / 1 cuil. à soupe de coriandre fraîche hachée / 3 œufs / 300 g d'amandes entières sans peau / 1 cuil. à café d'eau de fleur d'oranger / 30 g de beurre fondu / 10 feuilles de brick / Sel, poivre et sucre glace.

Prép. : 25 min – Cuiss. : 1 h 10 min 6 pers.

Assaisonner la pintade avec du sel, du poivre et la moitié de la cannelle. Dans une cocotte, la cuire 45 minutes à couvert avec 2 cuillerées à soupe d'huile d'olive dans un four à 200 °C (th. 6-7). La laisser refroidir, la découper et la désosser. Détailler la chair en petits dés.

Faire chauffer 3 cuillerées à soupe d'huile d'olive et cuire l'oignon pendant 2 minutes sans coloration. Ajouter la pintade, la coriandre et les œufs. Cuire à nouveau 2 minutes, saler, poivrer et réserver.

Dans une poêle, avec le restant d'huile d'olive, faire colorer les amandes. Les débarrasser et les concasser. Les parfumer avec la fleur d'oranger.

Beurrer les feuilles de brick et étaler la moitié en marguerite dans un plat à tarte. Garnir le fond avec les amandes puis ajouter la farce. Recouvrir l'ensemble avec le restant de feuilles de brick en repassant les extrémités en dessous pour envelopper le tout.

Cuire dans un four chaud à 180 °C (th. 6) pendant 20 minutes en contrôlant la coloration. Décorer le dessus avec du sucre glace avant de servir.

Cette recette se fait traditionnellement avec du pigeon. Avant de fermer la pastilla, on arrose la farce avec le jus de cuisson des pintades mélangé à 2 œufs entiers.

Aumônières exotiques croustillantes

8 tranches d'ananas / 1 poivron rouge / 150 g de fromage à raclette / 200 g de blanc de poulet / 60 g de lardons fumés / 2 cuil. à soupe d'huile d'olive / 6 feuilles de brick / 30 g de beurre fondu / Sel, poivre.

Prép. : 15 min – Cuiss. : 30 min 4 pers.

Couper les ananas, le poivron et le fromage en dés. Couper le poulet en lanières. Faire sauter les lardons et le blanc de poulet dans une poêle avec l'huile d'olive. Cuire pendant 10 minutes. Mélanger dans un bol tous les ingrédients et rectifier l'assaisonnement.

Étaler 4 feuilles de brick et les badigeonner avec le beurre fondu. Renforcer le centre avec une demi-feuille supplémentaire. Garnir les bricks et former les aumônières à l'aide de piques en bois. Cuire au four pendant 20 minutes dans un four préchauffé à 180 °C (th. 6).

Brochettes croustillantes de poulet au cumin

4 blancs de poulet / 8 cuil. à soupe d'huile d'olive / Le zeste de 1 orange non traitée haché / Le zeste de 1 citron vert non traité haché / 1 cuil. à soupe de cumin / 4 feuilles de brick / 100 g de fromage blanc / 6 feuilles de menthe / Sel, poivre.

Décor : *tomates cerise et quartiers de citron vert.*

4 pers. Prép. : 20 min – Cuiss. : 10 min
Marinade : 3 h

Détailler les blancs de poulet en 2 morceaux allongés. Mélanger 6 cuillerées à soupe d'huile d'olive avec les zestes d'orange et de citron et le cumin. Arroser les morceaux de poulet et les laisser mariner 3 heures au frais.

Détailler les feuilles de brick en deux. Planter une brochette en bois dans chaque morceau de poulet. Saler et enrouler les brochettes dans les feuilles de brick. Les badigeonner à l'aide d'un pinceau avec le restant d'huile d'olive et placer dans un plat. Cuire dans un four préchauffé à 180 °C (th. 6) pendant 10 minutes. Les tourner à mi-cuisson.

Mélanger le fromage blanc avec la moitié de la marinade et les feuilles de menthe hachées. Rectifier l'assaisonnement.

Servir les brochettes avec un mélange de salade assaisonnée et la sauce. Décorer les assiettes ou le plat avant de servir.

Pavés de bœuf et croustillants au camembert

100 g de camembert / 25 cl de cidre / 2 feuilles de brick / 70 g de beurre / 1 cuil. à soupe d'échalote finement coupée / 25 cl de fond de veau lié / 4 pavés de bœuf de 150 g / 3 cl d'huile d'arachide / 4 pluches de persil plat / Sel, poivre.

Prép. : 30 min – Cuiss. : 20 min — 4 pers.
Marinade : 30 min

Détailler le camembert en 4 morceaux. Les mettre à mariner dans 10 cl de cidre pendant 30 minutes. Couper les feuilles de brick en deux et les badigeonner de 20 g de beurre fondu à l'aide d'un pinceau. Enfermer chaque morceau de camembert dans une demi-feuille de brick. Réserver sur une plaque allant au four.

Faire réduire le restant de cidre avec l'échalote. Lorsqu'il en reste environ 5 cl, ajouter le fond de veau et monter avec 30 g de beurre. Saler et poivrer. Réserver au chaud.

Cuire les croustillants 10 minutes dans un four préchauffé à 200 °C (th. 6-7). Dans une poêle, faire sauter les pavés de bœuf dans l'huile et le restant de beurre selon l'appoint de cuisson souhaité. Saler et poivrer.

Dresser la sauce dans le fond de 4 assiettes. Ajouter les pavés et les croustillants. Décorer avec les pluches de persil plat avant de servir.

On peut accompagner les pavés de pommes Darphin, râpées et sautées à la poêle.

Pannequets croustillants au sésame

200 g d'oignons finement émincés / 80 g de beurre / 200 g de steak haché / 1 cuil. à soupe d'ail haché / 1 cuil. à soupe de persil plat haché / 1 cuil. à soupe de concentré de tomates / 1 cuil. à café de harissa / 1 cuil. à café de cumin en poudre / 4 feuilles de brick / 1 cuil. à soupe de graines de sésame / Sel, poivre.

4 pers. Prép. : 15 min – Cuiss. : 20 min

Cuire les oignons à feu doux dans 40 g de beurre pendant 4 minutes. Ajouter la viande, l'ail, le persil, le concentré, l'harissa, le cumin et du sel. Cuire pendant 5 minutes à feu doux. Débarrasser et réserver.

Étaler les feuilles de brick et répartir la viande au centre. Replier chaque brick en formant un pannequet. Les badigeonner avec le restant de beurre fondu et les placer dans un plat. Parsemer de graines de sésame et cuire dans un four préchauffé à 180 °C (th. 6) pendant 10 minutes.

Servir très chaud avec une salade assaisonnée.

Aumônières de ris de veau printanière

1 ris de veau de 400 g / 3 navets nouveaux / 2 courgettes / 5 carottes nouvelles / 80 g de beurre / 2 gousses d'ail / 1 échalote finement coupée / 1/2 l de vin blanc / 6 feuilles de brick / 10 cl de crème fraîche épaisse / Curry / Sel, poivre.
Décor : *ciboulette coupée en bâtonnets.*

Prép. : 20 min – Cuiss. : 50 min — 4 pers.
Repos : 1 h

Faire dégorger le ris de veau dans de l'eau froide pendant 1 heure. Le placer dans une casserole couvert d'eau froide salée. Porter à ébullition pendant 3 minutes et l'égoutter. Le laisser refroidir pour le peler. Réserver.

Détailler les navets, les courgettes et les carottes en fins bâtonnets réguliers. Dans une cocotte, faire fondre 50 g de beurre et laisser les légumes cuire à feu doux pendant 5 minutes. Ajouter l'ail, l'échalote, le vin blanc et le ris de veau. Couvrir et laisser cuire 30 minutes à feu doux.

Égoutter le ris et les légumes. Émincer le ris en tranches.

Badigeonner 4 feuilles de brick avec le reste de beurre fondu. Placer une demi-feuille de brick pour renforcer le centre de chacune. Garnir chaque brick d'un lit de légumes, de tranches de ris de veau et d'une nouvelle couche de légumes. Saler et poivrer. Fermer l'ensemble à l'aide de piques en bois. Enfourner dans un four préchauffé à 180 °C (th. 6) pendant 10 minutes.

Faire chauffer la crème et l'assaisonner avec du curry et du sel. Dresser les aumônières à l'assiette avec un cordon de sauce autour, saupoudrer de ciboulette.

Bricks d'agneau aux herbes

2 tranches de pain de mie / 10 cl de lait / 1 cuil. à soupe de raisins secs / 2 cuil. à soupe d'huile d'olive / 1 oignon finement haché / 600 g d'épaule d'agneau hachée / 2 œufs + 1 jaune / 8 feuilles de coriandre fraîche finement coupées / 8 feuilles de menthe finement coupées / Noix de muscade / 8 feuilles de brick / 4 cuil. à soupe de graines de sésame / 1 saucière de sauce blanche / Sel, poivre.
Décor : *pluches d'herbes.*

Prép. : 20 min – Cuiss. : 25 min 4 pers.

Dans un bol, faire tremper le pain de mie dans le lait et les raisins secs. Dans une poêle, faire chauffer l'huile d'olive et cuire à feu doux les oignons pendant 5 minutes. Ajouter l'agneau et laisser cuire à feu doux pendant 5 minutes en remuant régulièrement. Débarrasser dans un saladier et mélanger avec les œufs entiers, les raisins et la mie de pain égouttés, la coriandre, la menthe, de la muscade, du sel et du poivre.

Étaler les feuilles de brick et répartir au centre la farce. Replier les bords en formant des carrés et les placer côté plié sur une plaque allant au four. Badigeonner le dessus à l'aide d'un pinceau avec le jaune d'œuf et saupoudrer de graines de sésame.

Cuire 15 minutes dans un four préchauffé à 180 °C (th. 6). Baisser la température à 160 °C (th. 5-6) à la moitié de la cuisson. Servir aussitôt avec une salade verte assaisonnée et la sauce blanche. Décorer de pluches d'herbes.

Brochettes croustillantes d'agneau au gingembre

1 oignon rouge finement haché / 20 cl d'huile d'olive / 400 g d'agneau haché / 1 cuil. à soupe de persil haché / 12 feuilles de menthe hachées / Cumin / 1/2 cuil. à café de gingembre en poudre / 20 g de rhizome de gingembre haché / 2 œufs + 1 blanc / 4 feuilles de brick / 1 saucière de sauce blanche / Sel, poivre.

Prép. : 30 min – Cuiss. : 20 min 4 pers.

Cuire dans une poêle l'oignon avec 3 cuillerées à soupe d'huile d'olive pendant 3 minutes à feu doux.

Ajouter l'agneau, le persil, la menthe, les épices, le gingembre haché, du sel et du poivre. Cuire pendant 10 minutes et laisser refroidir. Terminer la farce en ajoutant les œufs entiers.

Garnir les feuilles de brick avec la farce en formant des gros « nems ». Coller chaque brick avec le blanc d'œuf et les traverser avec une pique à brochette.

Faire chauffer le restant d'huile d'olive dans une large poêle antiadhésive. Frire les brochettes pendant 8 minutes pour qu'elles soient colorées sur toute leur surface. Les égoutter sur du papier absorbant et les servir avec la sauce blanche.

Pastilla d'agneau aux groseilles

3 cuil. à soupe de confiture de groseilles / Le jus de 1/2 citron / 1 oignon haché / 7 cuil. à soupe d'huile d'olive / 500 g d'épaule d'agneau hachée / 1 cuil. à soupe de fleur de thym frais / 1 cuil. à soupe de persil plat haché / 2 gousses d'ail / 2 cuil. à soupe de pignons de pin / 6 feuilles de brick / Sel, poivre.
Décor : *grappes de groseille et persil plat.*

4 pers. Prép. : 10 min – Cuiss. : 40 min

Dans un bol, mélanger la confiture de groseilles, le jus de citron et 5 cuillerées à soupe d'eau tiède. Dans une poêle, faire dorer l'oignon pendant 3 minutes avec 2 cuillerées à soupe d'huile d'olive. Ajouter l'agneau, saler, poivrer et ajouter le thym, le persil et l'ail haché. Verser aussi le premier mélange et les pignons de pin avant de laisser mijoter pendant 20 minutes.

Badigeonner les feuilles de brick avec le restant d'huile d'olive. Disposer 3 feuilles dans le fond d'un moule à manqué. Ajouter la viande dessus et recouvrir l'ensemble avec les 3 autres.

Cuire dans un four préchauffé à 180 °C (th. 6) pendant 20 minutes. Ajouter les éléments de décor avant de servir.

Pastillas d'agneau à la menthe

1/2 aubergine / 5 cuil. à soupe d'huile d'olive / 700 g d'épaule d'agneau coupée en morceaux de 30 g / 3 gousses d'ail / 2 oignons finement coupés / 2 cuil. à café de concentré de tomates / 2 brins de thym / 1 cuil. à café de gingembre en poudre / 1 verre de vin blanc / 6 feuilles de menthe / 12 feuilles de brick / 80 g de beurre fondu / Cannelle / Sel, poivre.
Décor : *ciboulette finement coupée et pignons grillés.*

Prép. : 30 min – Cuiss. : 2 h 15 min 4 pers.

Éplucher l'aubergine et les couper en rondelles fines. Les cuire pendant 3 minutes dans une poêle avec 2 cuillerées à soupe d'huile d'olive. Colorer la viande dans une cocotte avec le restant d'huile d'olive. Ajouter l'ail, les oignons, le concentré de tomates, le thym, l'aubergine et le gingembre. Mouiller avec le vin blanc et 50 cl d'eau. Saler et poivrer. Cuire à feu doux pendant 2 heures. Égoutter la préparation et réserver la cuisson pour la sauce.

Émietter la viande à la fourchette et ajouter la menthe finement coupée.

Badigeonner les feuilles de brick avec le beurre fondu. Les assembler par trois et répartir la farce au centre. Former les pastillas en relevant les bords et en les fixant à l'aide d'une pique en bois. Les saupoudrer de cannelle et les enfourner dans un four préchauffé à 180 °C (th. 6) pendant 15 minutes. Dresser à l'assiette après avoir ôté les piques en bois. Ajouter la sauce et les éléments de décor avant de servir.

Baklava aux poires

50 g de beurre fondu / 10 feuilles de brick / 200 g de sucre en poudre / 200 g d'amandes concassées / 1 cuil. à soupe de cannelle / 4 belles poires passe-crassane / 100 g de miel / 1 cuil. à café de clou de girofle.

Prép. : 15 min – Cuiss. : 30 min
Repos : 1 h

4 pers.

Beurrer un plat rectangulaire et disposer sur le fond 5 feuilles de brick badigeonnées au beurre. Mélanger le sucre, les amandes et la cannelle. Couper les poires en tranches et les disposer soigneusement dans le plat. Les saupoudrer de sucre et de cannelle et recouvrir le plat avec le restant des feuilles de brick beurrées. Avec un couteau, inciser 4 bandes sans aller jusqu'au fond. Cuire dans un four préchauffé à 180 °C (th. 6) pendant 30 minutes.

Mélanger dans une casserole le miel, 10 cl d'eau et les clous de girofle. Faire frémir pendant 15 minutes et passer à l'aide d'une passoire.

Verser le sirop sur le plat et le laisser refroidir pendant 1 heure. Découper en carrés ou en losanges.

Brick aux amandes flambée à la liqueur d'orange

100 g de farine / 1/2 l de lait / 150 g de sucre en poudre / 150 g d'amandes en poudre / 4 jaunes d'œufs / 12 feuilles de brick / 50 g de beurre fondu / 1 cuil. à soupe d'amandes effilées / 3 cuil. à soupe de liqueur d'orange.

6 pers. Prép. : 15 min – Cuiss. : 15 min

Délayer la farine avec le lait et le sucre. Ajouter les amandes et faire cuire à feu doux pendant 2 minutes. Ajouter 3 jaunes d'œufs en dehors du feu. Cuire à nouveau 1 minute, débarrasser et laisser refroidir.

Badigeonner 6 feuilles de brick avec du beurre fondu et les disposer dans une tourtière. La garnir avec les amandes. Badigeonner les autres feuilles de brick avec le restant de beurre et couvrir l'ensemble. Répartir le jaune restant à l'aide d'un pinceau sur la dernière feuille. Parsemer d'amandes effilées et placer dans un four chaud à 160 °C (th. 5-6) pendant 15 minutes.

Faire chauffer la liqueur d'orange, la flamber en la versant sur la brick.

Cigares croustillants à la crème

1 citron non traité / 1 l de lait / 1 gousse de vanille / 150 g de sucre en poudre / 2 œufs battus / 200 g de semoule / 80 g de farine de riz / 16 feuilles de brick / 40 g de beurre fondu / 1 cuil. à soupe d'huile / 2 cuil. à soupe de sucre glace / 1/2 cuil. à café de cannelle.

Prép. : 15 min – Cuiss. : 25 min 8 pers.

Prélever le zeste du citron. Le mettre dans le lait avec la vanille fendue et faire chauffer à feu doux jusqu'à l'ébullition. Laisser frémir à couvert pendant 10 minutes et laisser refroidir. Ôter le zeste.

Mélanger dans une jatte à l'aide d'un fouet le sucre, les œufs, la semoule et la farine. Ajouter le lait peu à peu et remettre le mélange à bouillir 5 minutes. Débarrasser la crème, la couvrir avec un papier film et la laisser refroidir.

Détailler les feuilles de brick en rectangle, les badigeonner avec le beurre fondu et les garnir avec la crème pour former les cigares.

Disposer les cigares dans un plat huilé et les faire cuire dans un four préchauffé à 180 °C (th. 6) pendant 10 minutes. Les saupoudrer de sucre glace et de cannelle avant de les servir.

Servir bien chaud avec un coulis de fruits, par exemple.

Corolles de brick aux mirabelles

1 tranche de pain d'épice / 400 g de mirabelles / 2 cuil. à soupe de vin doux / 2 cuil. à soupe de jus de citron / 150 g de sucre en morceaux / 1 gousse de vanille fendue / 8 boules de glace à la vanille / 4 corolles de brick (p. 5).
Décor : *feuilles de menthe.*

4 pers. Prép. : 15 min – Cuiss. : 15 min

Faire durcir le pain d'épice dans un four à 150 °C (th. 5). Le réduire en « grosse » chapelure.

Dénoyauter les mirabelles sans trop les abîmer. Mettre dans une casserole 2 cuillerées à soupe d'eau, le vin doux, le jus de citron, le sucre et la vanille. Ajouter les mirabelles et les faire compoter pendant 15 minutes. Remuer régulièrement.

Dresser les boules de glace dans les corolles de brick. Ajouter les mirabelles avec un peu de jus puis la chapelure de pain d'épice et décorer avec les feuilles de menthe. Servir.

Corolle de mûre sauvage

1 saucière de crème anglaise / 4 corolles (p. 5) / 4 boules de glace à la vanille / 500 g de mûres sauvages / 5 cl de crème de mûre / 10 cl de chantilly / 12 feuilles de menthe / 1 cuil. à café de sucre glace.

Prép. : 15 min 4 pers.

Napper le fond de 4 assiettes avec la crème anglaise. Disposer les corolles garnies avec les boules de glace à la vanille et les mûres. Arroser avec la crème de mûre et décorer avec la chantilly et les feuilles de menthe. Saupoudrer de sucre glace avant de servir.

Corolle de sorbets et de fruits frais

2 oranges / 1 pomme / 2 kiwis / 100 g de sucre en poudre / 5 cl de vin moelleux / 1 citron / 8 boules de sorbet de votre choix / 4 corolles (p. 5) / 12 feuilles de menthe fraîche.

Prép. : 20 min – Macération : 2 h 4 pers.

Peler à vif les oranges et lever les segments. Éplucher la pomme et la couper en dés. Éplucher les kiwis et les couper en dés. Mélanger les fruits et ajouter le sucre, le vin et le jus du citron. Laisser macérer 2 heures.

Dresser les boules de sorbet dans les corolles et dresser les fruits harmonieusement dessus. Ajouter les feuilles de menthe et servir.

Croustades aux pommes et au calvados

6 pommes golden / 120 g de beurre / 160 g de sucre roux / 40 g de crème fraîche liquide / 2 cuil. à soupe de calvados / 4 feuilles de brick / 40 g de sucre glace.

Prép. : 20 min – Cuiss. : 15 min 4 pers.

Éplucher les pommes et les détailler en dés de 1 cm. Faire chauffer sur feu doux 80 g de beurre avec 80 g de sucre dans une poêle jusqu'à obtenir un caramel blond tout en mélangeant bien avec une spatule en bois. Ajouter ensuite les pommes et les faire colorer dans le caramel pendant 3 minutes. Débarrasser et réserver.

Faire chauffer le restant de sucre roux avec 2 cuillerées à soupe d'eau jusqu'à obtenir un caramel blond. Ajouter peu à peu (avec précaution) et en tournant la crème fraîche liquide. Terminer ensuite avec le calvados.

Badigeonner à l'aide d'un pinceau les feuilles de brick avec le reste de beurre fondu. Les garnir avec les pommes et les fermer à l'aide de piques en bois. Les saupoudrer avec le sucre glace et les placer sur une plaque. Enfourner dans un four préchauffé à 200 °C (th. 6-7) pendant 4 minutes.

Napper le fond des assiettes avec le caramel et dresser les croustades. Servir aussitôt.

Croustillants de figues au monbazillac

8 figues / 3 cuil. à soupe de sucre en poudre / Cannelle / 30 g de beurre / Le jus de 1 orange / 10 cl de monbazillac / Le zeste de 1 orange / 4 corolles de brick (p. 5) / 4 boules de glace à la vanille.
Décor : *feuilles de menthe.*

4 pers. Prép. : 30 min – Cuiss. : 20 min

Laver et essuyer les figues. Faire une incision en croix dessus et les placer dans un plat creux. Ajouter le sucre, un peu de cannelle, 30 g de beurre en parcelles, le jus d'orange, le vin et le zeste. Enfourner dans un four chaud à 210 °C (th. 7) pendant 20 minutes.

Dresser à l'assiette 2 figues chaudes par corolle, et ajouter la glace. Arroser l'ensemble avec le jus de cuisson, décorer de menthe et servir.

Croustillants aux griottes et coulis de framboises

350 g de griottines / 100 g de crème pâtissière allégée / 30 g de beurre fondu / 6 feuilles de brick / 1 cuil. à soupe de sucre glace / 1 saucière de coulis de framboises.
Décor : *cerises et framboises.*

6 pers. Prép. : 25 min – Cuiss. : 20 min

Mélanger les griottines et la crème pâtissière. Beurrer les feuilles de brick et les garnir avec la crème. Refermer en triangles les croustillants et les placer sur une plaque. Les cuire dans un four chaud préchauffé à 180 °C (th. 6) pendant 20 minutes. Saupoudrer de sucre glace à la sortie du four.

Napper le fond des assiettes avec le coulis de framboises et dresser les croustillants. Décorer et servir.

Feuillantine de brick aux fruits rouges

200 g de framboises / 200 g de fraises / 100 g de myrtilles / 15 cl de liqueur de framboise / 4 feuilles de brick / 1 cuil. à soupe de sucre glace / 1 saucière de chantilly.
Décor : *feuilles de menthe.*

Prép. : 25 min – Cuiss. : 5 min
Macération : 2 h

4 pers.

Mélanger les fruits rouges et la liqueur de framboise dans un saladier. Couvrir d'un film étirable et placer l'ensemble au réfrigérateur pendant 2 heures. Remuer les fruits de temps en temps. Égoutter les fruits et conserver le jus.

Détailler 4 disques dans chaque feuille de brick. Les saupoudrer de sucre glace. Les placer sur une plaque recouverte d'une feuille de papier sulfurisé et les faire colorer pendant 5 minutes à 170 °C (th. 5-6).

Monter les feuillantines par couche avec un peu de fruits et de la chantilly. Décorer avec les feuilles de menthe et ajouter un cordon de jus de fruits rouges autour.

Nems au chocolat

18 cl de lait / Le zeste de 1 orange / 2 jaunes d'œufs / 40 g de sucre en poudre / 15 g de farine / 70 g de chocolat noir haché / 25 g de beurre fondu / 3 feuilles de brick / 1 saucière de crème anglaise à la liqueur d'orange / 4 boules de glace à la vanille / 4 feuilles de menthe.

4 pers. Prép. : 50 min – Cuiss. : 12 min
Refroidissement : 2 h

Faire bouillir le lait avec le zeste d'orange et le passer à l'aide d'une passoire. Mélanger les jaunes d'œufs avec le sucre et ajouter la farine. Verser petit à petit le lait chaud dessus et porter à ébullition 1 minute. Hors du feu, incorporer petit à petit le chocolat en mélangeant soigneusement pour obtenir une pâte homogène. Laisser refroidir 10 minutes.

Remplir une poche munie d'une douille (n° 12) avec l'appareil. Coucher des boudins sur une plaque couverte d'une feuille de papier sulfurisé. Placer au congélateur pendant 2 heures.

Badigeonner de beurre fondu les feuilles de brick. Les détailler en quatre. Sortir les boudins congelés et les couper en morceaux de 6 cm de long. Les enrouler rapidement dans les quarts de brick en formant les nems. Les remettre au fur et à mesure au congélateur. Lorsqu'ils sont tous prêts, les disposer sur une plaque couverte d'un papier sulfurisé et les enfourner aussitôt à 220 °C (th. 7-8). Les cuire pendant 10 minutes et les dresser à l'assiette avec la crème anglaise, la glace et les feuilles de menthe.

Millefeuilles croustillants à la rhubarbe

140 g de beurre fondu / 6 feuilles de brick / 30 g de sucre glace / 400 g de tiges de rhubarbe / 180 g de sucre en poudre / 50 g d'amandes concassées / 1 saucière de coulis de framboises.
Décor : *framboises / Feuilles de menthe / Chantilly.*

Prép. : 15 min – Cuiss. : 30 min 6 pers.

Badigeonner de beurre fondu 1 feuille de brick et la saupoudrer de sucre glace. La découper en 3 rectangles. Procéder de la même façon pour les autres feuilles.

Disposer les feuilles de brick sur une plaque et les cuire dans un four chaud à 180 °C (th. 6) pendant 3 minutes. Les réserver.

Détailler la rhubarbe en morceaux dans une casserole avec 40 g de beurre, 5 cuillerées à soupe d'eau et 80 g de sucre. Cuire à couvert pendant 25 minutes en remuant régulièrement.

Dans une poêle, faire chauffer le reste de sucre avec 3 cuillerées à soupe d'eau. Lorsque le caramel est brun, ajouter les amandes. Verser sur une surface plane et froide. Lorsque le caramel est froid, le décoller et le concasser grossièrement.

Au moment de servir, monter les millefeuilles dans les assiettes. Napper le fond avec le coulis de framboises. Placer d'abord un rectangle de brick puis un peu de compote de rhubarbe. Placer un nouveau rectangle puis à nouveau de la compote. Terminer par un rectangle et des brisures de caramel. Décorer et servir.

Minibanane en brochette croustillante

8 minibananes exotiques / 4 feuilles de brick / 40 g de beurre fondu / 1 cuil. à soupe d'huile / 1 cuil. à soupe de sucre glace / 1 saucière de crème anglaise au rhum / 4 boules de glace au nougat.

Prép. : 25 min – Cuiss. : 30 min 4 pers.

Peler les bananes. Badigeonner les feuilles de brick de beurre fondu et les couper en deux. Envelopper chaque banane dans une demi-feuille de brick et les traverser avec une pique à brochette en bois. Les placer dans un plat huilé et les cuire dans un four chaud à 180 °C (th. 6) pendant 20 minutes. Les saupoudrer de sucre glace à la sortie du four.

Napper le fond des assiettes avec la crème anglaise et dresser la glace et les brochettes.

Pêches croustillantes à la crème d'amandes

80 g de beurre / 1 cuil. à soupe de sucre glace / 50 g de poudre d'amande / 1 jaune d'œuf / 4 pêches / 4 feuilles de brick / 1 saucière de crème anglaise parfumée à la liqueur de pêche.

4 pers. Prép. : 15 min – Cuiss. : 20 min

Mélanger 50 g de beurre en pommade, le sucre glace, la poudre d'amande et le jaune d'œuf. Ouvrir les pêches et ôter le noyau. Reformer les pêches en les garnissant de crème d'amandes.

Badigeonner les feuilles de brick avec le reste de beurre fondu. Enrober les pêches dans les feuilles de brick et les placer sur une plaque. Les cuire dans un four préchauffé à 180 °C (th. 6) pendant 20 minutes. Les saupoudrer de sucre glace à la sortie du four.

Napper le fond des assiettes avec la crème anglaise et dresser les pêches croustillantes.

Poires croustillantes et mousse au caramel

4 poires / 115 g de sucre en poudre / 2 cl d'alcool de poire / 1 jaune d'œuf / 6 cl de lait / 4 feuilles de brick / 25 cl de crème pâtissière allégée / 3 feuilles de gélatine de 2 g trempées / 25 cl de crème fouettée / 1 saucière de crème anglaise parfumée à l'alcool de poire.
Décor : *feuilles de menthe.*

Prép. : 35 min – Cuiss. : 15 min — 4 pers.
Refroidissement : 1 h

Éplucher les poires et les tailler en fins quartiers. Confectionner un caramel dans une poêle avec 50 g de sucre et 4 cl d'eau. Cuire les poires dans le caramel pendant 3 minutes et flamber avec l'alcool de poire. Réserver.

Mélanger le jaune d'œuf, 15 g de sucre et 1 cuillerée à soupe de lait et badigeonner les feuilles de brick. Les garnir avec la crème pâtissière et les poires puis les fermer avec des piques en bois. Les cuire dans un four préchauffé à 200 °C (th. 6-7) pendant 10 minutes.

Dans une casserole, confectionner un caramel avec le reste de sucre et 4 cl d'eau. Lorsqu'il est bien coloré, verser dessus 5 cl de lait bouillant. Coller avec les feuilles de gélatine égouttées. Refroidir et incorporer la crème fouettée. Mouler dans une petite terrine et laisser refroidir 1 heure.

Napper le fond de 4 assiettes avec la crème anglaise. Dresser les poires croustillantes et la mousse caramel en quenelles. Décorer et servir.

Samoussas aux figues et au miel

5 grosses figues / 80 g de beurre / 4 cuil. à soupe de miel liquide / 1 cuil. à café de gingembre moulu / 4 feuilles de brick / 4 boules de glace à la vanille / 1 saucière de crème anglaise.
Décor : feuilles de menthe.

Prép. : 15 min – Cuiss. : 15 min 4 pers.

Laver les figues et les couper en tranches épaisses. Faire fondre 20 g de beurre dans une sauteuse et faire revenir les figues et le miel pendant 5 minutes. Remuer constamment et parfumer avec le gingembre. Les laisser tiédir.

Badigeonner les feuilles de brick avec 30 g de beurre fondu et les couper en deux. Disposer au centre de chaque demi-feuille des tranches de figue et plier en triangle.

Faire fondre le restant de beurre dans une poêle et dorer les samoussas pendant 5 à 6 minutes à feu doux. Les égoutter sur du papier absorbant et les dresser à l'assiette avec la glace, la crème anglaise et les feuilles de menthe.

Tarte aux cerises en feuilles de brick

10 feuilles de brick / 100 g de beurre fondu / 2 cuil. à soupe de sucre glace / 800 g de cerises burlats / 180 g de gelée de groseille / 1 saucière de chantilly.

6 pers. Prép. : 15 min – Cuiss. : 10 min

Badigeonner les feuilles de brick de beurre fondu et les saupoudrer de sucre glace. Les disposer dans un moule à tarte en les faisant se chevaucher et en les laissant dépasser d'environ 4 cm. Dénoyauter les cerises et les faire revenir dans une poêle avec la gelée de groseille pendant 3 minutes à feu doux.

Faire colorer les feuilles de brick dans un four préchauffé à 150 °C (th. 5) pendant 8 minutes environ.

Sortir le moule et ajouter les cerises. Servir aussitôt avec la chantilly.

TABLE DES RECETTES

Dépôt légal 3e trim. 2003 n° 2 783

Imprimé en U.E.